Zur

Revision der deutschen Konkursordnung.

Von

H. Makower,
Justizrath.

Berlin.
J. Guttentag, Verlagsbuchhandlung.
1894.

Die Reichs-Konkursordnung ist als eines der gelungensten Justizgesetze von Vielen anerkannt worden. Gerühmt wurde namentlich die Fassung, die Anlage und die Folgerichtigkeit; nicht hervorgehoben findet man die Rücksicht, welche auf die wirthschaftlichen Verhältnisse genommen wurde. Und doch hat in der Vorkommission, welche den Entwurf der Konkursordnung berieth, eine lebhafte Berücksichtigung der Einwirkungen des Gesetzes auf die Verkehrsverhältnisse stattgefunden; die rechtlichen Gesichtspunkte waren nicht ausschließlich maßgebend.

Gegenwärtig macht sich eine Strömung geltend, welche noch mehr und in anderer Weise sozialen Rücksichten Rechnung tragen will und theils eine Rückkehr zu früheren, ähnlichen Bestimmungen verlangt, theils neue Vorschläge empfiehlt.

Zwei große Gesichtspunkte lassen sich aus den von mehreren Herren im Reichstage gemachten Vorschlägen herausschälen, und es frägt sich, ob man denselben zustimmen soll; denn ist man im Prinzip einig, so wird sich die Ausgestaltung im Gesetze schon finden lassen.

Diese beiden Gesichtspunkte sind: es soll der „Konkursmacherei“ entgegengewirkt werden, um die Zahl der Konkurse zu beschränken, und es soll die Zuläßigkeit „des Akkordes“ eingeengt werden, damit die Gläubiger nicht gegen Empfang eines kleinen Betrages um ihre Restforderung gebracht werden.

In ersterer Beziehung machte der Abgeordnete Rintelen im Reichstage (39. Sitzung, am 8. Februar 1893) im Wesentlichen geltend:

„Die Konkursordnung stehe auf dem Standpunkt, daß jeder, der Konkurs macht, durch Unglück in den Konkurs gekommen ist; es gebe solche Fälle, aber es seien wenige; die bei weitem größte

Zahl der Konkurse beruhe darauf, daß derjenige, der Konkurs macht, leichtsinnig, frivol, und wie man im gewöhnlichen Leben sagen würde, betrügerisch verfahren hat."

Die Zunahme der Konkurse sei eine Folge der Methode der Konkursordnung; diese erleichtere es, Konkurse zu machen und Andere um ihr Eigenthum zu bringen.

Als eines der Mittel, den Uebelständen abzuhelfen, schlug der Redner vor, nicht bloß die Zahlungseinstellung sondern schon die Ueberschuldung für einen zur Eröffnung des Konkurses ausreichenden Grund zu erklären. — Von allen diesen Sätzen scheint mir nur der eine richtig, daß die Konkursordnung die Konkurse erleichtert hat. Dies ist aber mit Absicht geschehen und hat seine guten Gründe.

Soweit meine Erfahrung reicht ist der Satz, daß zum geringen Theile die Konkurse durch Unglück, zum bei weitem größten Theile durch Leichtsinn oder in betrügerischer Absicht herbeigeführt sind, unzutreffend. Der erheblichste Theil aller Konkurse wird weder durch einen plötzlichen Unglücksfall noch durch Frivolität in der Absicht durch denselben etwas zu gewinnen veranlaßt; der normale Fall ist vielmehr der, daß Jemand mit mäßigen Mitteln im Vertrauen auf seine Kenntniß des betreffenden Geschäftsbetriebes ein Geschäft beginnt, daß seine Hoffnungen des Erfolges sich nicht verwirklichen, daß er trotz der Enttäuschungen immer noch Verbesserung hofft, daß er, gezwungen, sich und seine Familie zu ernähren, fortarbeitet, von Verwandten, Freunden und Kunden Unterstützungen sucht, bis endlich die Wellen über ihm zusammenschlagen und er den Konkurs anmeldet. Die vom gesetzlichen oder sittlichen Standpunkte aus zu verwerfenden Handlungen pflegen erst in dem äußersten Stadium einzutreten, wenn die letzten Mittel versagen und die gebrochene Willenskraft dem Andrängen einzelner Gläubiger (der Verwandten, Freunde, Deponenten 2c.) nicht mehr widerstehen kann.

Die Ansicht, daß viele Kridare bereichert aus ihren Konkursen hervorgehen, halte ich für eine Legende, da ich mich kaum eines solchen Falles erinnere und auch auf Nachfrage bei Kollegen, welche viel mit Konkursen zu thun haben, keine solche Fälle erfahren habe. Sehr häufig verwechselt das Publikum — und so mag die irrige Ansicht entstanden sein — diesen Fall mit dem anderen, wenn reiche Verwandte vorhanden sind, welche dem Kridar während des Konkurses oder nach demselben die Mittel gewähren, standesgemäß oder gar in Luxus zu leben. Hiergegen läßt sich Nichts machen, denn es mag unter Umständen eine Anstandspflicht der Verwandten sein, dem Kridar die Mittel zur Befriedigung seiner Gläubiger zu gewähren, eine Rechtspflicht besteht nicht und kann nicht statuirt werden.

Die Konkursordnung ist von dem erwähnten regelmäßigen Falle ausgegangen, und hat einerseits die Folgen des Konkurses für den Kridar sehr ernst gezogen, andererseits aber die Schrecken des Konkurses beseitigt.

Es ist in unseren sozialen Verhältnissen nichts Geringes, wenn Jemand mit der Eröffnung des Konkurses Alles verliert, was er an Vermögen besitzt, kein Recht darauf hat, daß ihm irgend eine Kompetenz gelassen wird, und doch für sich, seine Frau und Kinder das tägliche Brod haben muß; leben will Jeder und die Pflicht sowie der Zwang, für die Seinigen zu sorgen, hört mit dem Konkurse nicht auf. Von diesem Gesichtspunkte aus sind in der Konkursordnung zahlreiche Bestimmungen getroffen, welche verhindern sollen, daß nicht jeder Kridar mit seiner Familie sofort der Armenpflege anheimfalle, daß er vielmehr in den Stand gesetzt werden soll, sich wieder aufzuraffen, für sich und die Seinigen etwas zu erwerben, und vielleicht auch später noch seinen Gläubigern etwas nachzuzahlen. Hat der Konkurs aber fast regelmäßig — wie man es jetzt vorschlägt — ein strafrechtliches Verfahren und eine Verurtheilung zur Folge, dann fallen alle jene Möglichkeiten fort, und die allgemeine Ueberzeugung, daß der Konkurs die vollständige Vernichtung der Existenz, mindestens des Kridars, in der Regel auch seiner Familie zur Folge hat, wird freilich die Zahl der Konkurse vermindern, aber nicht zum Vortheil, sondern zum Nachtheil der Gläubiger. Jeder wird sich dann zu halten suchen bis der letzte Groschen ausgegeben, überhaupt keine Masse vorhanden ist. Wenn man am Eingange des Konkurses einen Galgen errichtet, dann geht eben Niemand hinein, wenn er nicht hineingeschleppt wird, und doch verlangt man, daß er es freiwillig thue, wenn seine Ueberschuldung 25 Prozent oder etwa so viel beträgt.

Es besteht aber ein hohes Interesse daran, daß der Konkurs freiwillig von den Schuldnern angemeldet wird, so lange sie noch etwas haben, und redliche Leute thun dies auch. Die Gläubiger haben nach der gegenwärtigen Gesetzgebung kaum einen Grund Konkurs zu beantragen; sie pfänden und werden, wenn dies rechtzeitig geschieht, für ihre Forderungen voll gedeckt; es entsteht ein Wettrennen um die Priorität. Der Vorsprung um eine Stunde entscheidet, ob der Gläubiger Alles oder Nichts erhält. Dieser Zustand ist für jeden etwas größeren Verkehr, bei welchem auswärtige Gläubiger vorhanden sind, unerträglich. Die Letzteren erfahren den Vermögensverfall oft erst dann, wenn die am Orte befindlichen, die Verwandten, oder die sonst besser unterrichteten Gläubiger bereits das Nest ausgehoben haben. Daher ist es im Interesse der Gerechtigkeit gegen alle Gläubiger geboten, die Schuldner zu veranlassen, möglichst bald, wenn sie die Ueberzeugung erlangt haben, nicht weiter zu können, den Konkurs zu beantragen. Man darf die Schuldner daher nicht davon abschrecken.

Nun wird freilich gewünscht, den Zwang zur Anmeldung des Konkurses bei einer gewissen Ueberschuldung auf Kaufleute zu beschränken. Dieser Versuch führt zu der von der Gesetzgebung aufgegebenen Unterscheidung zwischen kaufmännischen und nichtkaufmännischen Konkursen zurück und ist unausführbar, so lange man nicht das ganze System des Handelsgesetzbuchs und aller auf demselben beruhenden Gesetze ändert, nach welchen — ohne Rücksicht auf den Stand — Jeder als Kaufmann behandelt wird, der gewerbsmäßig Handelsgeschäfte betreibt.

Der zweite prinzipielle Gesichtspunkt, welcher in den Vorschlägen zur Aenderung der Konkursordnung hervortritt, ist der: die Akkorde zu beschränken.

Es ist ein Hohn — sagt der Herr Abgeordnete Rintelen —, wenn Jemand auf 1, 2 oder 10 Prozent akkordirt; deshalb solle der geringste Prozentsatz auf 25 Prozent oder 20 Prozent festgesetzt werden; die Ziffer sei ersichtlich willkürlich ermessen.

Auch hiermit wird man sich nicht einverstanden erklären können. In der Vorkommission war von hervorragenden Juristen geltend gemacht: „Zwangsvergleich" sei eine contradictio in adjecto, und der Gesetzgeber sei nicht berechtigt, eine gesetzlich berechtigte Forderung durch Abstimmung anderer Gläubiger zu kürzen. Folglich sei das aus der preußischen Konkursordnung in den Entwurf übernommene Institut des Akkordes zu beseitigen. Von anderer Seite wurde geltend gemacht, die rechtliche Konsequenz würde allerdings dahin führen, es seien aber überwiegende wirthschaftliche Gründe für die Zulässigkeit eines Akkordes maßgebend. Der Akkord sei im Interesse des Gemeinschuldners und in dem der Gläubiger einer Abwickelung im Wege der Vertheilung der Konkursmasse vorzuziehen. Dem Gemeinschuldner gewähre er die Möglichkeit wieder aufzukommen, während dies ausgeschlossen sei, wenn die Masse, vermindert durch die entstandenen Kosten, vertheilt werde und der Kridar für den gesammten Ausfall haftbar bleibe; er könne dann eben Nichts mehr anfangen, da die ausgefallenen Gläubiger jeden neuen Erwerb ihm nehmen würden. In Folge dessen werde er bei der Aussichtslosigkeit, wieder in ordentliche Bahnen zu gelangen, entweder entmuthigt jeden neuen Erwerb aufgeben oder zu Schleichwegen gezwungen sein, um den Erwerb sich zu sichern, z. B. das neue Geschäft auf den Namen der Frau, der Kinder oder Verwandten gründen u. dgl. m. Das Gesetz dürfe aber nicht zu solchen Maßregeln nöthigen, müsse vielmehr ein offenes Verfahren ermöglichen.

Das Interesse der Gläubiger bei dem Akkorde hielt man dadurch für gewahrt, daß sie durch denselben in der Regel mehr erhielten als bei einer Vertheilung. Verwandte und Freunde der Kridare brächten den Zuschuß auf, wenn sie wissen, daß im Falle des Akkordes der Kridar sich und seine Familie werde ernähren können, wodurch sie ihrer rechtlichen oder sittlichen Alimentationspflicht enthoben werden, während die Gläubiger bei Vertheilung der Konkursmasse und Aufrechterhaltung ihres Ausfalls — wie die Erfahrung gelehrt hat — fast niemals auf eine Nachzahlung zu rechnen hätten; ihre Ausfallsforderung wäre dann wirthschaftlich etwa so viel werth wie das nudum jus Quiritium. Die Beendigung der Konkurse durch Vertheilung habe aber noch andere Uebelstände. Zunächst verlängere sie die Dauer der Konkurse um ein Beträchtliches; jede in der Masse vorhandene Forderung müßte ausgeklagt werden und die Beklagten hätten alles Interesse, die Prozesse zu verschleppen, um den Konkursverwalter zu ermüden, Vertheilungen hinzuziehen, und den Verwalter zu Vergleichen zu zwingen, damit der Konkurs doch einmal zu Ende komme. Wolle aber der Verwalter eben wegen der Dauer der Prozesse sich auf diesen Weg nicht einlassen, dann müsse er — wie vielfach geschieht — die ausstehenden Forderungen en bloc verkaufen. Dies führe aber zu einer Verschleuderung der Masse, da gewöhnlich für solche Forderungen von gewerbsmäßigen Aufkäufern ein Minimum gezahlt werde; das Geschäft dieser Aufkäufer sei wirthschaftlich durchaus nicht zu begünstigen.

Geht man von den vorstehenden Anschauungen aus, so ist die Festsetzung irgend eines geringsten Satzes von Prozenten, die bei einem Akkorde geboten werden müssen, unmöglich, da es besser ist, wenn die Gläubiger 10 Prozent im Akkorde als Nichts bei der Vertheilung erhalten und die Entscheidung der Frage, was von beiden sie vorziehen, füglich ihnen überlassen werden kann. Hat aber ein Kridar nicht mehr als 10 Prozent zu bieten, so wäre es nicht gerechtfertigt, wenn der Gesetzgeber von ihm das Versprechen von 25 Prozent oder 20 Prozent herauspressen und mittelbar die Verwandten zwingen wollte, ihm das hieran Fehlende zu gewähren.

Zu beachten ist endlich, daß, wenn man den Akkord erschwert, hierdurch nichts Anderes erzielt wird, als daß die Schuldner und die Gläubiger zu einem außergerichtlichen Akkorde oder zu einer Einstellung des Verfahrens durch Einwilligung aller Gläubiger gedrängt werden, wobei erfahrungsmäßig keine gleiche Vertheilung der Masse, sondern eine Begünstigung der hartnäckigsten Gläubiger durch die verschiedensten Mittel stattfindet. Es wird also durch die Erschwerung der Akkorde nicht etwas Besseres, sondern etwas Schlimmeres herbeigeführt.

Den hauptsächlichsten Grund, weshalb in den Konkursen regelmäßig so geringe Dividenden liegen oder so geringe Prozente geboten werden, finde ich in dem durch die Zivilprozeßordnung eingeführten, und mit Rücksicht auf diese in der Konkursordnung (§ 41 Ziff. 9) anerkannten Pfändungspfandrechte und in dem Pfandrecht der Vermiether (§ 41 Ziff. 4). Die Pfändungen sind nur in seltenen Fällen und auch dann nur mit großem Zeitaufwande und vielen Kosten anzufechten (§§ 22 ff.), die Pfandrechte der Vermiether garnicht. Selbstverständlich bleibt gegenüber solchen Pfandrechten bei der Konkurseröffnung sehr wenig zur Vertheilung unter die Konkursgläubiger übrig. Schon in der Vorkommission war vorgeschlagen, die ersteren für wirkungslos zu erklären, wenn sie in den letzten Monaten vor der Konkurseröffnung erfolgten; dies wurde aber als gegen die eben einzuführende Zivilprozeßordnung (§ 709) verstoßend abgelehnt, wäre jedoch von Neuem zu erwägen. Ueber die Nothwendigkeit einer Beschränkung der Pfandrechte der Vermiether scheint jetzt allgemeines Einverständniß zu bestehen (s. den Anhang).

Von untergeordneter Bedeutung sind einige weitere Wünsche, welche für die Abänderung der Konkursordnung geltend gemacht sind. Es ist oben anerkannt, daß nicht nothwendig die Grundsätze, auf welchen dieses Gesetz beruht, bis in alle logischen Konsequenzen verfolgt werden müssen, daß vielmehr die Spitzen abgestumpft und aus überwiegenden wirthschaftlichen Gründen auch hie und da Abweichungen von dem Prinzipe zugelassen werden können. Aber nimmermehr wird das Gesetz gut fungiren, wenn die Grundgedanken nicht durchgeführt, sondern häufig aus Gründen der vermeintlichen Zweckmäßigkeit durchbrochen sind.

a) Es ist angegeben, weshalb von der Anmeldung des Konkurses nicht abgeschreckt werden darf. Nun finden sich neue Vorschläge, die Ehrenstrafen und die Rehabilitation wieder einzuführen, und die Kriminalstrafen zu erweitern. Kein Zweifel, daß, wenn diesen Vorschlägen stattgegeben wird, die Anmeldung der Konkurse dadurch in weiterem Umfange als bisher verhindert wird.

Sind denn aber wirklich zu diesen gegen die Grundrichtung der Konkursordnung verstoßenden Abweichungen überwiegende Gründe vorhanden? Mir scheint dies nicht der Fall zu sein.

Der Verfall in Konkurs mindert nach allgemeiner Anschauung die kaufmännische Ehre, weil damit das Vertrauen erlischt, welches man in die Geschäftsführung des Kridars gesetzt hat, und da diese Täuschung den Gläubigern fühlbar wird, so ist eine Aenderung jener allgemeinen Anschauung nicht zu erwarten. Aber eben deshalb bedarf es keiner Festigung derselben durch Gesetz. Selbstverständlich muß es bei den Einschränkungen, welche das öffentliche Recht getroffen hat, verbleiben, aber ein Bedürfniß, sie zu vermehren, hat sich doch kaum gezeigt. Ist denn wirklich der Fall vorgekommen, daß Kaufleute einen Kridar zu kaufmännischen Ehrenämtern, insbesondere zum Mitglied einer Handelskammer gewählt oder seine mehr als passive Theilnahme an kaufmännischen Körperschaften geduldet haben? Dies will ein Antrag des Abgeordneten Rintelen (§ 201b Ziff. 2) durch eine positive Gesetzesbestimmung verhindern. Ein Kridar kann nicht zum Handelsrichter ernannt werden (§ 113

Abs. 2 Gerichtsverfassungsgesetz) oder in diesem Amte verbleiben (§ 117 daselbst). Ist es zu besorgen, daß ein solcher kurz nach beendetem Konkurse von dem zur Vertretung des Handelsstandes berufenen Organe zum Handelsrichter vorgeschlagen (§ 112 daselbst) und von dem Landesherrn ernannt werden würde? Was die gute Sitte von selbst unmöglich macht, braucht nicht kodifizirt zu werden und soll es nicht werden, weil die Sitte umfassender wirkt und unvorhergesehene Fälle umfaßt, das Gesetz aber viel engere Schranken hat. Um ein Beispiel zu geben, sei z. B. daran erinnert, daß nach dem Vorschlage kein Hinderniß bestände, einen Kridar zum Vorsitzenden einer Berufsgenossenschaft zu wählen, daß aber die allgemeine Anschauung dies doch wohl verbieten würde.

Unverständlich ist mir, was mit den anderen Vorschlägen bezweckt wird, daß nach beendetem Konkurse bis zur Rehabilitation der frühere Kridar das Recht verlieren soll, Handelsgeschäfte unter einer nicht lediglich in der Zeichnung seines vollen Namens bestehenden Firma zu betreiben, daß er bis ebendahin auf der Börse nicht soll erscheinen und Handelsmäkler sein dürfen.

Zur Rechtfertigung der ersteren Bestimmung wurde bemerkt, der ehemalige Kridar solle bis zur Erlangung der Wiederbefähigung zwar Vermögen erwerben können, „daß er aber unbeschränkt als Kaufmann auftritt, kann und muß verhindert werden.“ Muß? warum? Man kann kaum etwas Willkürlicheres erfinden. Wenn A. B. unter der Firma A. B. handelte und in Konkurs verfiel, dann müßte er nach dem Vorschlage bei seinen Handelsgeschäften die Firma A. B. zeichnen, firmirte er aber früher C. D., so müßte er die Firma A. B. neu annehmen. Die Folgen des Konkurses wären also verschieden je nach dem Zufalle, ob der Kridar vor dem Konkurse unter seinem vollen Namen firmirte oder nicht. Wem die hier vorgeschriebene Zeichnung aus irgend einem Grunde lästig ist, kann die Handelsgeschäfte mündlich schließen und entgeht der gesetzlichen Chikane; es kann übrigens der Fall vorkommen, daß am Orte bereits ein Anderer die Firma A. B. führt, und dann wäre der ehemalige Kridar durch ein anderes Gesetz verhindert, die einzige Firma, die er zeichnen dürfte, wirklich zu zeichnen, ein Peter Schlemihl, ein Mann ohne Schatten. Will man eine lästige Bestimmung erfinden, so wäre die umgekehrte noch eher zu empfehlen, die nämlich, daß der Kridar seinen wirklichen Namen nicht zeichnen darf. Hiefür ließe sich geltend machen, daß er seinen Namen im kaufmännischen Sinne entehrt hat. — Man muß aber, wie ich glaube, in der Gesetzgebung willkürliche Bestimmungen so wenig treffen als irgend möglich ist. Die Firmenwahrheit ist kein ausnahmsloser Grundsatz und kann nicht für den Konkursfall mit dogmatischer Strenge durchgeführt werden. Wie sollte z. B. der Kridar firmiren, wenn er vor der Rehabilitation sich assoziirt? Man wird doch nicht auch die Vergesellschaftung ihm verbieten wollen, und käme man, von Willkür zu Willkür fortschreitend, auch zu diesem Verbot, dann würde er das neue Geschäft auf den Namen der Frau oder eines Verwandten eröffnen, und dem Gesetzgeber ein Schnippchen schlagen.

Auch das Recht, auf der Börse zu erscheinen, soll für die erwähnte Zwischenzeit verboten werden. Weshalb? Ist es ein Ehrenrecht, an der Börse ein Geschäft abzuschließen, gegenüber dem Rechte, seine Geschäfte in der ganzen übrigen Welt zu betreiben? Seit wann wird jener Ort für geheiligter als jeder andere angesehen? oder sind die Börsenbesucher mehr als die ganze übrige Welt gegen die Verlockungen eines eben aus dem Konkurse hervorgegangenen Mannes zu schützen? Jene werden wahrscheinlich gegen einen ehemaligen Kridar weniger schutzbedürftig sein als die anderen Menschen, die sich nicht so genau wie die Börsenbesucher über die Solvenz ihrer Kontrahenten erkundigen.

Anders freilich liegt die Frage, ob ein ehemaliger Kridar während der Zeit bis zur Rehabilitation Handelsmäkler (d. h. vereideter) sein kann, weil ein solcher auch amtliche Funktionen hat; ein Bedürfniß ist aber für ein solches gesetzliches Verbot nicht anzuerkennen, weil kaum jemals eine Korporation einen ehemaligen Kridar ohne Rücksicht darauf, ob er entschuldbar oder unter erschwerenden Umständen fallirte, zum Handelsmäkler wählen wird. In Ausnahmsfällen kann es sich sehr wohl rechtfertigen, einen schuldlos ins Unglück gerathenen Kaufmann zum Handelsmäkler zu ernennen.

Dies führt aber zur Erörterung, ob das Institut der Rehabilitation überhaupt wieder eingeführt werden soll. Die Vorkommission lehnte die in dem Entwurfe einer deutschen Gemeinschuldordnung (Berlin 1873) in den §§ 204 ff. vorgeschlagenen Bestimmungen über die Wiedereinsetzung des Gemeinschuldners ab, und zwar, soviel erinnerlich, etwa aus den folgenden, noch jetzt als richtig anzuerkennenden Gründen:

In Konkursen, gleichviel ob sie durch Vertheilung oder Akkord beendet würden, bekämen die Gläubiger pro rata etwas auf ihre Forderungen, bei fruchtlosen Exekutionen Nichts. Würde also von der Vermuthung ausgegangen, daß die nicht volle Befriedigung der Gläubiger auf einem schuldbaren Verhalten des Schuldners beruhe, dann müßte gegen Diejenigen, bei welchen die Exekution fruchtlos ausfällt, viel härter vorgegangen werden als gegen die Kridare. Nun denke aber Niemand daran, Diejenigen, welche fruchtlos exequirt worden, oder welche den Offenbarungseid geleistet hätten, nachträglich in eine (Disziplinar-)Untersuchung über die Gründe des Vermögensverfalls zu verwickeln oder ihnen gar Hindernisse für ihr Wiederaufkommen zu bereiten. Dasselbe müsse um so mehr gegenüber den Kridaren gelten. Das ganze Rehabilitationsverfahren sei aber nichts weiter als ein Hinderniß, wieder zu Vermögen zu kommen und der sittlichen Pflicht zu genügen, den Gläubigern ihren Ausfall zu ersetzen, sobald die Umstände es gestatten.

Nöthige man die ehemaligen Kridare, die Quittungen aller Gläubiger über Empfang des Ausfalls oder der Akkordraten beizubringen, so könnten darüber Jahre vergehen und dadurch die Wirkungen der Konkurse ins Ungemessene verlängert werden; es würden dann in den meisten Fällen nach vertheilter Masse doch nur außergerichtliche Akkorde mit den Gläubigern wegen des Ausfalls herbeigeführt werden und zwar ungleiche; der hartherzige, erbarmungslose Gläubiger würde mehr erhalten, als der mildere, nachsichtigere. Unter Umständen würden einzelne Gläubiger es in der Hand haben, die Rehabilitation zu verhindern. Jede streitige Forderung eines Gläubigers würde von diesem durch bloße Verweigerung der Quittungsleistung ertrotzt werden. Anmelden könne jeder Gläubiger im Konkurse Alles was er wolle; daraus folge noch nicht, daß er irgend ein Recht habe. Es würden daher ohne Noth zahlreiche Prozesse über bestrittene Forderungen zwangsweise herbeigeführt werden, während diese Forderungen ohne jenes Verfahren auf sich beruhen blieben.

Die Einschränkungen, welche bis zur Rehabilitation bestehen bleiben sollen, seien im Grunde nichts anderes als Strafen für das

Verfallen in Konkurs und ungerecht, weil sie gleichmäßig den Unschuldigen wie den Schuldigen treffen und die Erörterung der Schuldfrage wegen des komplizirten Thatbestandes weit schwieriger als im Strafrecht sein würde. Das Rehabilitations-Verfahren sei außerdem, wenn der Nachweis der Befriedigung aller Gläubiger verlangt wird, eine Prämie, welche auf das Glück oder Unglück der Kridare bei ihren Geschäften nach beendetem Konkurse gesetzt werde. Wer Glück habe oder wer nur für sich zu sorgen brauche, könne vielleicht so viel erübrigen, seine alten Gläubiger zu befriedigen. Wer Unglück habe, krank werde, für Familienmitglieder sorgen müsse, komme oft trotz aller redlichen Bemühungen nicht mehr in die Lage, Alles nachzuzahlen.

Das Widerspruchsvolle der ganzen Institution liege aber darin, daß der Gesetzgeber die Befriedigung aller Gläubiger erzielen wolle und dem Kridar Schwierigkeiten aller Art bereite, welche es verhindern, daß er die Mittel zu dieser Befriedigung sich verschaffe.

Alle vorstehenden Bedenken stehen den Vorschlägen des Abgeordneten Rintelen (§§ 201b bis d a. a. O.) noch mehr entgegen als denen des erwähnten Entwurfs der Gemeinschuldordnung. Die Bestimmungen des letzteren waren offensichtlich weit milder als die ersterwähnten.

b) Auch der Erweiterung der Kriminalstrafen kann ich nicht beitreten. Von Personen befragt, welche nicht mehr im Stande waren, allen ihren Verpflichtungen nachzukommen, rieth ich in der Regel, von allen weiteren Verhandlungen mit den Gläubigern abzustehen und sofort Konkurs anzumelden, theils um Pfändungen Einzelner zu verhindern, theils um nicht durch außergerichtliche Vergleiche in die Zwangslage zu gerathen, Einzelnen mehr als den Anderen bieten zu müssen und obendrein dies heimlich zu thun, da Niemand sich auf einen Vergleich einläßt, wenn er erfährt, daß ein anderer Gläubiger bevorzugt wird. Auch diejenigen, welche ich als redliche Personen ansehen konnte die vor dem Konkurse standen, schraken häufig vor dem Gedanken zurück, daß dem Konkurs- ein Strafverfahren folgen werde, insbesondere weil die Bilanzziehung oder Buchführung nicht ganz in Ordnung sei. Große Geschäfte haben ihre besonderen und geschulten Buchführer. Bei kleineren

(Détail-) Geschäften ist die Buchführung an sich schwierig; die betheiligten Personen haben nicht immer die hierzu erforderlichen Kenntnisse und Schulung, haben viel zu viel mit den Geschäften selbst zu thun, um sich regelmäßig der Buchführung zu widmen, kommen auch sehr schwer wieder in Ordnung, wenn einmal (durch Reisen, Krankheit, sonstige Hinderungsgründe) etwas versäumt ist, und sind sich nicht immer der Tragweite ihrer Säumniß bewußt, da sie an den Fall des Konkurses eben nicht denken. Die Besorgniß aber, wegen unordentlicher Buchführung strafrechtlich verantwortlich gemacht zu werden, hindert häufig die rechtzeitige Anmeldung des Konkurses. Ein Kaufmann, der in Konkurs war, kann wieder aufkommen; ein Kaufmann, der mit Gefängniß bestraft wurde, ist — in der Regel mit seiner Familie — ruinirt. Ich verkenne die Nothwendigkeit nicht, auf ordentlicher Buchführung und Bilanzziehung zu bestehen; auch sind alle Strafbestimmungen, welche auf dem Gedanken beruhen, jedes betrügerische Verfahren in spezieller Anwendung auf den Konkurs unter Strafe zu stellen, außer Frage.

Aber die Strafvorschriften so zu erweitern, daß kaum jemals ein Kridar aus einem Konkurse ohne Kriminalstrafe davon käme, erachte ich als unzulässig. In den Anträgen des Herrn Rintelen kommt die Zuziehung der Staatsanwaltschaft zu dem Konkurse so häufig vor, daß Jeder, der seinen Konkurs anmeldet, der Ueberzeugung sein wird, dies heiße nicht die von ihm beabsichtigte ordnungsmäßige Vertheilung seines Vermögens herbeiführen, sondern zugleich sich eine strafrechtliche Untersuchung zuziehen. Wohin führt es, wenn diese Ueberzeugung Platz greift? Etwa dahin, daß die Geschäftsleute weniger leichtsinnig Schulden machen oder Kredit geben, ihren Erwerbsbetrieb weniger vernachlässigen, Vermögensstücke weniger verschleudern, Bürgschaften weniger übernehmen? Nein dahin, daß, wenn Konkurs Gefängniß bedeutet, die in Vermögensverfall Gerathenen zu rechter Zeit, ehe die Zahlungseinstellung bekannt wird, zusammenraffen, was sie versilbern können und das Weite suchen. Ein Schlimmeres kann ihnen doch nicht zustoßen als der Verlust des Vermögens, der Ehre und der Freiheit. — Der Antragsteller wird diesen Erfolg offenbar selbst nicht wünschen. Mir scheint kein Bedürfniß vorhanden zu sein, die Strafbestimmungen der Konkursordnung zu verschärfen.

c) Auffällig ist, daß nicht nur in materieller, sondern auch in formeller Hinsicht solche Vorschläge wieder auftauchen, welche bei der Vorberathung der Konkursordnung abgelehnt worden sind und von denen schwerlich Jemand nachweisen kann, daß sich ein Bedürfniß zur Aenderung des bestehenden Verfahrens gezeigt hat. Der Entwurf der Gemeinschuldordnung (§ 85) hatte vorgeschlagen:

> In jedem Gemeinschuldverfahren wird ein Gläubigerausschuß von mindestens 3 Mitgliedern aus der Zahl der Gemeingläubiger oder deren Vertreter gewählt.

Dieser Vorschlag wurde in der Vorkommission abgelehnt und an dessen Stelle bestimmt (§ 79 Absatz 2 der Konkursordnung):

> Die Gläubigerversammlung hat über die Bestellung eines Gläubigerausschusses zu beschließen.

Der Bundesrath fügte dem Gesetzentwurfe hinzu (§ 79 Absatz 1):

> Vor der ersten Gläubigerversammlung kann das Gericht einen Gläubigerausschuß bestellen.

Man ersieht hieraus, daß die obligatorische Bestellung eines Ausschusses in eine fakultative für die Gläubiger und provisorisch in eine fakultative des Gerichts verwandelt worden ist. Der erwähnte Antrag der Abgeordneten Rintelen und Genossen schlägt die Aenderung vor:

> Die Gläubigerversammlung hat einen Gläubigerausschuß zu bestellen.

Man frägt sofort, welche Folge tritt ein, wenn sie das nicht thut, entweder wenn kein Gläubiger oder nur einige wenige erscheinen, oder wenn diese nicht in der Lage sind, Vorschläge zu machen, oder wenn die Vorgeschlagenen die Wahl ablehnen? Dies sind keine casus picti. Jeder Anwalt wird schon manchmal allein in der Gläubigerversammlung erschienen, und häufiger wird es ihm begegnet sein, daß Niemand von den Erschienenen ein Mitglied für den Ausschuß vorzuschlagen wußte, oder daß irgend Jemand vorgeschlagen wurde, den keiner der Anderen kannte, oder endlich, daß ein Benannter sich mit Reisen, anderen Geschäften und dergleichen Gründen entschuldigte. Eine Abstimmung erfolgt in der Regel nur dann, wenn bemerkt wird, daß einige Gläubiger sich wohl vorbereitet haben, um Verwandte oder Freunde des Kridars in den Ausschuß zu dessen Gunsten zu wählen; die so vorbereiteten Gläubiger dringen dann in der Regel zum Nachtheil der anderen nicht vorbereiteten und mit einander nicht bekannten, geschweige denn verbundenen Gläubiger durch. Die Erfahrung lehrt, daß die Wahl nur dann vorbereitet wird, wenn das Sonderinteresse einzelner Gläubiger und in den überwiegenden Fällen, wenn das Interesse des Kridars von den vorgeschlagenen Mitgliedern des Ausschusses gewahrt werden soll. Unvorbereitet und fast dem Zufalle anheimgegeben ist die Wahl, wenn es sich um das Interesse aller Gläubiger, also um das Beste der Masse handelt. Und ein so entstehender Ausschuß soll obligatorisch sein? Ich habe nicht selten den Sitzungen von Gläubigerausschüssen im Interesse der Berathung des Konkursverwalters bei schwierigen Fragen beigewohnt, in der Mehrzahl der Fälle aber mit meinem Votum zurückgehalten und den Verwalter auf meine private Aeußerung verwiesen, weil ich der Ueberzeugung war, daß der Ausschuß aus Mitgliedern bestand, welche Sonderinteressen vertraten, nicht aber das Interesse der Masse, oder wenigstens dieses nicht ausschließlich.

Der grundsätzliche Irrthum, welcher bei allen Vorschlägen für einen obligatorischen Gläubigerausschuß obwaltet, beruht in der Verwechslung dieses Organes mit ähnlichen Ueberwachungsorganen bei öffentlichen Institutionen oder bei dauernden Privatinstitutionen. Bei den öffentlichen Aemtern liegt denen, welche die Wahl annehmen, wegen des Zweckes die sittliche Verpflichtung ob, alle Privatinteressen den öffentlichen unterzuordnen; in nicht eben so hohem Maße, aber immer doch in erheblichem Maße liegt diese Verpflichtung denjenigen ob, welche bei Aktiengesellschaften, Genossenschaften, Vereinen u. dergl. auf die Dauer bestimmten Vereinigungen in den Aufsichtsrath treten. Zur Uebernahme solcher Aemter wird man durch moralische oder durch gehoffte Vermögensvortheile bestimmt. Welches sittliche oder pekuniäre Interesse leitet aber diejenigen, welche in den Gläubigerausschuß eines Konkurses treten? Der Kaufmann, der in einen solchen Ausschuß tritt, weiß, daß er im Konkurse einen Theil seines Geldes verliert, daß er vielleicht durch gute Rathschläge ein paar Prozente für sich und die anderen Gläubiger retten kann, daß er aber bei mangelnder Sorgfalt in der Ausübung des Amtes regreßpflichtig werden kann (Entscheidungen des Reichsgerichts in Zivilsachen Band 20 Seite 109, Band 31 Seite 122); irgend ein Grund, sich für die pekuniären Interessen seiner Konkurrenten zu erwärmen, liegt kaum vor; es fehlt daher an dem sittlichen Antrieb für die wirkungsvolle Thätigkeit im Ausschusse. Wenn aber die Mitglieder des Aufsichtsraths außer dem selbstverständlichen Ersatz ihrer Auslagen noch Entschädigung gemäß § 83 der Konkursordnung beanspruchen, dann sind die Kridare zu beklagen, welche die Kosten des Gerichts und des Verwalters und dann noch die der Mitglieder des Ausschusses zu bezahlen haben. Gewiß giebt es auch Personen, welche im Interesse der Socii malorum (auch wenn sie dieselben nicht kennen, noch über die Art, wie diese in den Sturz verwickelt wurden, etwas wissen) aus menschlichem Mitgefühl den Verlust zu mildern suchen; aber von der Meinung auszugehen, daß solche Personen sich unter den 3 oder 5 Mitgliedern jedes Gläubigerausschusses finden werden, heißt doch die wirklichen Verhältnisse verkennen. Wenn es sich nicht um Konkurse von großer Bedeutung für eine ganze Gegend oder einen ganzen Geschäftszweig handelt, dann treten einflußreiche Kaufleute selten in den Ausschuß und ziehen es vor, ihre Agenten in denselben wählen zu lassen. Auch Rechtsanwälte werden häufig gewählt; deren Theilnahme wird gewiß dem Verwalter bei streitigen und schwierigen Rechtsfragen und für die ordnungsmäßige Abwickelung des Verfahrens von Nutzen sein; aber nur unter zufälligen, besonderen Umständen werden die Rechtsanwälte für die bessere Versilberung der Masse etwas wirken können.

Das Organ des Gläubigerausschusses ist in der Regel ein Hemmniß für den Fortgang des Verfahrens, und wenn dies nicht noch mehr gespürt wird als man es schon empfindet, so liegt dies an der zu billigenden Bestimmung der Konkursordnung, daß die Giltigkeit von Rechtshandlungen des Verwalters dritten Personen gegenüber nicht davon abhängt, ob der Gläubigerausschuß auch da, wo das Gesetz es verlangt, sie vorher genehmigt hat. Die Mitglieder des Gläubigerausschusses sind kein stets parates Kollegium, und können schon aus diesem Grunde kein obligatorisches Hilfsorgan der Konkursverwaltung sein; die Mitglieder gehen ihren Geschäften nach, verreisen in ihren Geschäftsangelegenheiten, zur Erholung und sonst, können auch — wenn am Orte anwesend — nicht immer zu bestimmten Zeiten abkommen und lassen daher den Verwalter in dringlichen Fällen häufig im Stich.

Die Konkursordnung hat daher sehr wohl daran gethan, den Gläubigerausschuß nur da zuzulassen, wo ein Bedürfniß sich geltend macht. In der Mehrzahl der Fälle wird er nur dann bestellt, wenn der Verwalter selbst es wünscht, theils weil ihm die beste Art der Verwerthung der Masse unbekannt ist und er vom Ausschusse Anleitungen erwartet, theils wenn es sich um wichtige Entschließungen und bedeutende Objekte handelt und der Verwalter sich gedeckt sehen möchte. Ich zweifle nicht daran, daß eine Befragung von Konkursverwaltern ihren Wunsch ergeben würde, für solche Ausnahmefälle einen Ausschuß zuzulassen, daß sie im Uebrigen, also für die regelmäßigen Fälle, ein Bedürfniß verneinen und eine Verzögerung in der Abwickelung der Konkurse durch das Vorhandensein eines Ausschusses bestätigen werden.

Nachtrag.

Die vorstehenden Bemerkungen zu dem Antrage Rintelen und Genossen waren verfaßt, als der Bericht der X. Kommission des Reichstags über diesen Antrag (Nr. 278, 9. Legislatur-Periode, II. Session 1893/94, Berichterstatter: Abgeordneter Schwarze) durch den Druck veröffentlicht wurde. Wenn auch in Einzelheiten Abänderungen des Antrags erfolgt sind, so bewegen sie sich doch in der von dem Antrage eingeschlagenen Richtung, und deshalb erachte ich die vorstehende Abhandlung nicht als gegenstandslos geworden. Der Bericht nöthigt jedoch zu mehreren Zusätzen.

Fast in allen Punkten kann ich mich dem anschließen, was der Kommissarius der verbündeten Regierungen gegen die vorgeschlagenen Aenderungen geltend gemacht hat. Es scheint mir zunächst unbedenklich, daß an eine Revision der Konkursordnung vor Abschluß des bürgerlichen Gesetzbuchs, welches nothwendig Abänderungen herbeiführen wird, nicht gedacht werden darf; es würden sonst Aenderungen auf Aenderungen mit so kurzen Zwischenräumen aufeinander folgen und ein solches Flickwerk entstehen, daß die behaupteten Uebelstände eines anerkannt im Großen und Ganzen gut fungirenden Gesetzes eher zu ertragen sind als der fortwährende Wechsel der Bestimmungen, zumal von ganz verschiedenen Standpunkten aus.

Aber auch als Material für eine spätere einheitliche Revision wird sich doch nur Weniges aus den vorgeschlagenen Aenderungen benutzen lassen, während eine ganze Reihe von Uebelständen, die sich bei der Anwendung des Gesetzes ergeben haben, unbeachtet geblieben ist. In ersterer Beziehung sei es gestattet, die Aufmerksamkeit auf einige Punkte zu lenken.

1. Der § 79 der Konkursordnung bestimmt:

> Vor der ersten Gläubiger**versammlung kann** das Gericht aus der Zahl der Gläubiger oder der Vertreter von Gläubigern einen Gläubigerausschuß bestellen.
>
> Die Gläubigerversammlung hat über die Bestellung eines Gläubigerausschusses zu beschließen. Die Mitglieder des Gläubigerausschusses sind von der Gläubigerversammlung zu wählen. Zu Mitgliedern können Gläubiger oder andere Personen gewählt werden.

Die Kommission will den § 79 wie folgt ändern:

> **Bei** der Eröffnung des Konkursverfahrens **hat** das Gericht aus der Zahl der Gläubiger oder der Vertreter von Gläubigern einen aus zwei oder mehr Mitgliedern bestehenden Gläubigerausschuß vorläufig zu bestellen.
>
> Die Gläubigerversammlung hat über die Beibehaltung des bestellten **oder** die Bestellung eines anderen Gläubigerausschusses zu beschließen. Geschieht Letzteres, so sind die Mitglieder des Gläubigerausschusses von der Gläubigerversammlung zu wählen. Zu Mitgliedern können Gläubiger oder andere Personen gewählt werden.

Der Kommissionsbericht (S. 4) bemerkt hierzu: Hierbei wurde konstatirt, daß bei dieser Fassung es der Gläubigerversammlung noch freistehe, den bestellten Ausschuß außer Wirksamkeit zu setzen, **ohne einen neuen zu bestellen**. Es ist meines Erachtens unmöglich, dies aus dem Gesetze herauszulesen; man müßte die Fassung ändern. Meine Bedenken richten sich aber gegen den Grundgedanken, daß der Gläubigerausschuß **obligatorisch** von der Eröffnung des Verfahrens ab **bis** zur ersten Gläubigerversammlung, und dann **fakultativ** sein soll. Diese Prinziplosigkeit ist nicht aufrecht zu erhalten. Will man trotz der in der vorstehenden Abhandlung geäußerten Bedenken sich für die Nothwendigkeit des Bestehens eines Gläubigerausschusses entscheiden, dann verstehe ich wohl, daß man ihn von der ersten Gläubigerversammlung ab für obligatorisch erklärt, nicht aber von der Konkurseröffnung ab. Woher — frage ich — soll der Richter bei der Konkurseröffnung die Kenntniß haben, wer überhaupt und überdies sachgemäß zum Mitgliede bestellt werden kann und die Wahl annehmen will. Sehr häufig muß die Konkurseröffnung einige Stunden oder einen Tag nach eingegangenem Antrage erfolgen, wenn sie überhaupt wirken, d. h. die Pfändungen der andringenden Gläubiger verhindern soll. Ein Gläubiger überreicht z. B. einen protestirten Wechsel und ein Zirkular des Schuldners an seine Gläubiger, worin er seine Zahlungseinstellung erklärt. Wen ernennt der Richter zum Mitgliede des Gläubigerausschusses? Den Provokanten? Der Richter weiß ja von einem anderen Gläubiger kaum etwas. Der Verwalter ist noch nicht bestellt und würde ebensowenig etwas wissen. Der Richter könnte aber den Schuldner hören. Falls dieser sogleich zu haben ist, was bei Flucht, Tod, Krankheit oder Widerspenstigkeit nicht oder wenigstens nicht immer oder nicht sofort thunlich ist, so wäre der Richter doch in der Regel auf die Vorschläge des Schuldners angewiesen, welcher natürlich die ihm genehmen Personen benennen wird, und dann müßte der Richter die ausgewählten Personen erst fragen, ob sie annehmen wollen. In neun Fällen von zehn würde er auf Weigerung stoßen und die Konkurseröffnung sich hinziehen, bis sie überhaupt entbehrlich ist.

Außerdem ist die Frage erlaubt, was denn der Gläubigerausschuß in diesem ersten Stadium thun soll. Der Verwalter braucht doch Zeit zu seiner Information; er kommt in eine ihm wildfremde Sache hinein, muß inventarisiren, die bestehenden Verträge durchforschen, kündigen, Prämien zahlen, Erhaltungsmaßregeln treffen, einen Status fertigen und erst dann kann er vernünftigerweise an ein Kollegium (den Ausschuß) gehen, diesem Vortrag über die Sachlage halten und dessen Meinung erbitten. Viel besser als der Kommissionsvorschlag ist das Gesetz, welches dem Richter überläßt, vor der ersten Gläubigerversammlung einen Ausschuß zu bestellen. Hiervon wird allerdings in einigen Fällen Gebrauch gemacht, namentlich wenn der Verwalter, nachdem er sich informirt hat, dies beantragt oder wenn schon vor dem Konkurse außergerichtlich ein Gläubigerausschuß sich gebildet und fungirt hat.

Die Kommission hat im § 83 eine Reichs-Gebührenordnung für die Mitglieder des Ausschusses wie für den Verwalter verlangt. Die beiden Stellungen sind jedoch innerlich durchaus verschieden; während gewerbsmäßige Konkursverwalter sehr zu wünschen sind, weil sie Erfahrungen sammeln, welche jeder einzelnen Sache zu Gute kommen, und weil sie eben wegen ihres Gewerbebetriebes und der Ueberwachung durch das Gericht auf eine korrekte Haltung achten müssen, wären gewerbsmäßige Mitglieder von Gläubigerausschüssen keineswegs ein Gewinn. Diese Stellung muß meines Erachtens Ehrenamt sein, und kann es sein, da kaum mehr als die Theilnahme an einigen Besprechungen verlangt wird. Ersatz der Auslagen genügt. Wohin soll es führen, wenn in einem Konkurse die Kosten des Gerichts mit den theuren Publikationen, die Kosten des Verwalters und nun noch die Gebühren von drei oder vier Mitgliedern des Ausschusses zu zahlen sind? Die Masse darf durch eine theure Organisation nicht unmäßig in Anspruch genommen werden.

2. Die Kommission erkannte an, daß die bloße Thatsache irgend einer Ueberschuldung noch nicht die Konkurseröffnung rechtfertigt; sie ließ dieselbe jedoch als ausreichenden Grund zu, wenn der Schuldner selbst die Eröffnung auf Grund der Ueberschuldung beantragt, weil es ja doch in seinem freien Willen stehe, die Zahlungen einzustellen.

Dagegen bestimmte sie (§ 96 Absatz 2), daß Vollkaufleute (Artikel 4 im Gegensatz zu Artikel 10 Handelsgesetzbuch) verpflichtet sind, die Eröffnung des Konkurses zu beantragen, sobald aus der Jahresbilanz oder einer im Laufe des Geschäftsjahres aufgestellten Bilanz sich ergiebt, daß die Schulden mindestens das Doppelte des Aktivvermögens betragen. Genügen sie dieser Verpflichtung nicht und stellen sie demnächst ihre Zahlungen ein oder verfallen sie in Konkurs, dann sollen sie nach § 210b der Kommissionsbeschlüsse mit Gefängniß bis zu zwei Jahren bestraft werden. Ebenso soll jeder persönlich haftende Gesellschafter oder Liquidator einer offenen Handelsgesellschaft, einer Kommanditgesellschaft oder einer Kommanditgesellschaft auf Aktien in den oben bezeichneten Fällen des § 96 Absatz 2 den Konkurs beantragen müssen. Genügen sie dieser Verpflichtung nicht, so werden sie mit Gefängniß bis zu drei Monaten, bei mildernden Umständen mit Geld bestraft.

Für Aktiengesellschaften und Gesellschaften mit beschränkter Haftung bleibt es bei der Bestimmung (Artikel 240 Absatz 2 bezw. § 64 Gesetz vom 20. April 1892), daß der Vorstand bezw. die Geschäftsführer und die Liquidatoren den Konkurs zu beantragen haben, wenn nach der Bilanz das Vermögen nicht mehr die Schulden deckt. Allen diesen ist Gefängniß bis zu 3 Monaten und gleichzeitig Geldstrafe, den ersteren bis 5000 Mark, den letzteren bis 1000 Mark (Artikel 249c bezw. § 82) für Zuwiderhandlung angedroht.

Dieses Bouquet von Bestimmungen entbehrt nicht der Mannigfaltigkeit. Der Gewerbtreibende, der nicht gewerbsmäßig Handelsgeschäfte betreibt (z. B. der Produzent, auch wenn er in großartigstem Maßstabe verkauft) und der Minderkaufmann (Artikel 10 Handelsgesetzbuch) sind straffrei, auch wenn sie bei mehr als 50 Prozent Unterbilanz ihr Geschäft ruhig fortsetzen und in Konkurs verfallen; der Sozius oder Liquidator von Handelsgesellschaften hat in dem gleichen Falle Geldstrafe oder Gefängniß bis zu drei Monaten oder beides zu gewärtigen, der Vollkaufmann aber für dieselbe Zuwiderhandlung Gefängniß bis zu zwei Jahren. Nun sind die letzteren freilich nicht zu bedauern, wenn sie im Laufe des Geschäftsjahres eine Bilanz machen, da sie hiezu nicht verpflichtet sind und eine solche Bilanzziehung für sie eben nur die Folge haben kann, daß sie bis zwei Jahre Gefängniß erhalten. Wenn sie es trotzdem thun, so mag ihr Leichtsinn, so ohne Zwang in ihr Verderben zu rennen, strafwürdig sein. Aber alljährlich Bilanz zu ziehen, sind die Vollkaufleute gesetzlich verpflichtet, und für diesen Fall kann die Strafbestimmung sehr praktisch werden.

Ich lasse die hier so wichtige, keineswegs so einfache Frage, wer Vollkaufmann und wer Minderkaufmann ist, auf sich beruhen und suche nach dem inneren Grunde, weshalb der Erstere straffällig sein soll, wenn er 100 schuldet, nicht ganz 50 mehr hat und bei dieser Vermögenslage den Konkursantrag unterläßt, der Letztere aber straffrei bleiben soll. Offenbar war für die angenommene Unterscheidung der Grund leitend, daß die Bilanz den Kaufmann über seine Geschäftslage zweifellos aufklärt, und daß ohne eine solche er nicht weiß, ob er mehr als das Doppelte von dem schuldet, was er an Aktiven besitzt. Dieser Grund entspricht jedoch nicht den Thatsachen. Wenn das gedachte Verhältniß von Aktivis und Passivis eingetreten ist, dann weiß der Vollkaufmann sehr wohl, wie er steht, auch ohne Bilanz, und noch viel besser wissen es die Minderkaufleute, auch wenn sie gar keine Bücher führen. Die Ersteren haben bei der Bilanz häufig mit Faktoren zu rechnen, welche gar nicht zuverlässig zu schätzen sind. Was ist eine Fabrik, was ein Bergwerk, was ein Schiff, was ein Patent, eine Maschine u. dergl. für die Frage, ob sie zur Schuldendeckung dienen können, werth, d. h. welchen Verkaufswerth haben sie? Sehr werthvoll für den Betrieb, können sie werthlos für die Versilberung sein. Die Konjunkturen können von heute zu morgen Vieles entwerthen, das eben noch hohen Werth zu haben schien. Die Minderkaufleute sind diesen Gefahren der Taxation weit weniger ausgesetzt.

Noch etwas Anderes ist zu bedenken. Der Großkaufmann nimmt größeren Kredit in Anspruch, weil er mit dem kreditirten Gelde sein Geschäft, seinen Umsatz und dadurch seinen Gewinn erhöht. Der Minderkaufmann bedarf auch relativ zu seinem Vermögen viel weniger des Kredites und übersieht seine Lage viel besser. Der Großkaufmann hat oft große Lagervorräthe, die zur Zeit (z B. wegen vorgerückter Saison) gar nicht zu verwerthen sind und vielleicht ein halbes Jahr darauf sehr gut verkäuflich oder wegen Wechsels der Mode oder einer neuen Erfindung ganz werthlos werden. Bei dieser gar nicht selten eintretenden Lage soll doch die Taxation in der Bilanz so wichtige Folgen für die Bestrafung haben. Man zwingt dadurch die Leute, welche noch die Hoffnung haben, sich über widrige Zeiten fortzuhelfen, ihre Bilanzen schön zu färben und sich selbst zu täuschen, um sich nicht, wenn Alles fehl schlägt, dem Strafrichter selbst in die Hände zu liefern.

Ob in der That ein Geschäft mit 50 Prozent Unterbilanz rettungslos verloren ist, mögen Sachverständige aus dem Kaufmannsstande entscheiden; ich glaube es nicht und bin vielmehr der Ansicht, daß viele Geschäfte auch dann noch ihren Mann ernähren und ihn unter günstigen Umständen mit der Zeit tanti machen.

Die gedachte Bestimmung macht es jungen Leuten mit mäßigem oder auf mehrere Jahre geliehenem Vermögen fast unmöglich, aufzukommen. Häufig geht das vorhandene Kapital durch die Einrichtung des Geschäfts, den Unterhalt, die Reisen, um Kundschaft zu erwerben, irgend einen Unfall u. dergl. zu einem Theil so verloren, daß es kein taxationsfähiges Aktivum darstellt, und doch ist das Geschäft eingeführt, hat Kundschaft und bringt Gewinn oder ernährt wenigstens den Inhaber ohne Nachtheil für die Gläubiger.

Will man den Kommissionsvorschlag aufrecht erhalten, so würde die Konsequenz es verlangen, daß man auch einen Akkord nicht unter 50 Prozent zuließe; die Kommission begnügte sich jedoch mit einem Minimum von 25 Prozent für den Akkord (§ 173 Ziff. 3 der Beschlüsse).

3. Die inquisitorische Richtung der Kommissionsbeschlüsse geht aus den zu § 114 vorgeschlagenen Zusätzen hervor. Der Konkursverwalter soll jedem Gläubiger auf Verlangen Einsicht in die Geschäftsbücher des Kridars sowie Abschrift des Inventars und der Bilanz geben, auch soll das Inventar die Schulden unter Angabe der Verfallzeit, sowie die Namen der Mitverpflichteten und den Grund der Mithaftung ergeben.

Alle diese Aenderungen sind in der Kommission einstimmig angenommen, und doch sind ernste Bedenken gegen dieselben zu erheben. Wenn jedem einzelnen Gläubiger so weitgehende Rechte für seine Information gegeben werden, dann könnte man im Grunde den Gläubigerausschuß entbehren; die Rechte werden indeß kaum zu loyalen Zwecken benutzt werden, vielmehr häufiger zu Chikane und Eigennutz. Die Einsicht der Geschäftsbücher ist für die Gläubiger unter Umständen viel weniger erwünscht, um das Geschäftsgebahren des Kridars zu prüfen (worüber der Bericht des Verwalters [§ 119 der Konkursordnung] das Nöthige ergiebt und auf Anfragen ergänzt werden kann), als um die Bezugsquellen und die Absatzstätten des Kridars zu erfahren. Die Gläubiger haben ja in der Regel ein Geschäft in derselben Branche; sie oder ihre Agenten können sich sofort der freigewordenen Kundschaft bemächtigen und dem Kridar, auch wenn er ehrenvoll aus dem Konkurse hervorgeht, die Fortsetzung seines Geschäftes unmöglich machen oder erschweren. Man thut nicht gut daran, sich jeden Kridar als einen ehrlosen, jeden Gläubiger als einen ehrenhaften Mann vorzustellen.

Nicht minder quälerisch ist die Bestimmung, daß die Korrealverpflichteten und der Grund ihrer Mithaft so der öffentlichen Kenntniß preisgegeben werden sollen. Haben diese denn durch Uebernahme einer Mitverhaftung, Bürgschaft, durch Accept oder Giro, selbst wenn dies aus Gefälligkeit geschah, sich gegen irgend einen Gläubiger so vergangen, daß ihre Privatangelegenheiten mit Recht kundgegeben werden? Diese Mitverpflichteten sind nach der Konkursordnung in der sehr üblen Lage, daß, insoweit die Forderung durch die Dividende nicht gedeckt ist, sie den Rest, ohne Regreß zu haben, zahlen müssen (Entscheidungen des Reichsgerichts in Zivilsachen, Band 14, Seite 172), und daß ein Akkord im Konkurse ihre Pflichten nicht vermindert (§ 178).

Nebensächlich ist freilich, doch mag es erwähnt werden, daß (von Wechseln abgesehen) es bei dem Beginn des Konkurses häufig dem Verwalter unmöglich sein wird, die Verfallzeit der Schulden anzugeben. Diese Schwierigkeit erkennt man bei der Anstellung von Anfechtungsklagen, in denen es sich um den Nachweis handelt, wann die ersten fälligen Zahlungen nicht mehr geleistet sind. Daß die Verwalter mit Schreibereien in Folge der Kommissionsvorschläge überbürdet werden, ist nicht erwogen. Gewerbsmäßige Verwalter können ein Heer von Schreibern unterhalten; solche Verwalter dagegen, welche nur einmal eine Verwaltung übernehmen, können durch jene Vorschriften leicht ins Gedränge kommen. An die Stelle des mündlichen Verfahrens in den Gläubigerversammlungen, welches allerdings verbessert werden könnte, ist ein schriftliches Verfahren mit jedem einzelnen Gläubiger gesetzt, der es verlangt. Dies lenkt die Thätigkeit der Verwalter von der Hauptsache ab.

4. Im Zorne ist von der Kommission die Aenderung des § 162 dahin vorgeschlagen, daß ein Akkord auch dann unzulässig sein soll, wenn wegen Verfehlung gegen die Strafbestimmungen der Konkursordnung gegen einen Gemeinschuldner die gerichtliche Untersuchung eröffnet ist. Um die Absicht der Aenderung kurz, wenn auch nicht ganz ausreichend, zu bezeichnen, kann man sie dahin angeben: während nach der Konkursordnung nur die Eröffnung des Hauptverfahrens wegen betrüglichen Bankerutts (§ 209) den Akkord unzulässig macht, soll künftig die Untersuchung wegen einfachen Bankerutts (§ 210) dieselbe Wirkung haben.

Diesem Vorschlage wird man sich nicht anschließen können, zumal nicht, wenn die von der Kommission dem Gesetze hinzugefügten weiteren Fälle des einfachen Bankerutts gebilligt werden.

Der betrügliche Bankerutt ist so wenig wie der einfache ein Verbrechen bezw. Vergehen von einheitlichem Charakter, vielmehr eine Zusammenfassung verschiedener strafbarer Handlungen unter einem Namen; so ist beispielsweise die Erdichtung von Schulden oder Rechtsgeschäften (§ 209, Ziffer 2) etwas ganz Anderes als die Unterlassung der vorgeschriebenen Buchführung (§ 209, Ziffer 3), und unmäßiger Aufwand (§ 210, Ziffer 1) etwas Anderes als nicht rechtzeitige Bilanzziehung (§ 210, Ziffer 3). Dennoch haben die im § 209 als betrüglicher Bankerutt zusammengefaßten Fälle die gemeinschaftliche Grundlage der betrügerischen Absicht; sie sind Anwendung der Betrugsstrafen auf die besonderen Fälle der Zahlungseinstellung und des Konkurses. Mag man daher, wie es im Gesetze geschehen, für den Fall des qualifizirten Betruges den Akkord ausschließen, so kann man es doch nicht so ohne alle Unterscheidung auch für die unter sich so verschiedenen Fälle des einfachen Bankerutts thun. Es muß hervorgehoben werden, daß der Entwurf der Konkursordnung nach dem Vorbilde anderer Konkursordnungen ein dem Konkurse vorhergehendes Ausgleichsverfahren vorgeschlagen hatte, daß diese ganze Institution aber in der vorbereitenden Kommission aus dem Grunde abgelehnt wurde, weil man dem Konkurse seine Schrecken (außer gegenüber Betrügern) möglichst nahm und es im öffentlichen Interesse erachtete, die Beendigung der Konkurse durch Akkord zu begünstigen. Schränkt man den Akkord noch mehr als geschehen ein, so wird eine Reaktion sich dahin geltend machen, ein solches Vorverfahren gesetzlich wieder einzuführen, und so lange dies nicht geschieht, außergerichtlich abzumachen. Welche Bedenken einem solchen tumultuarischen Verfahren entgegenstehen, ist oben bereits angedeutet (Seite 8).

5. Der § 116a der Kommissionsbeschlüsse enthält die Bestimmung, daß der Verwalter den Ausverkauf der zur Masse gehörigen Gegenstände im Wege der Versteigerung oder ohne solche leiten, und daß mit diesem Verkaufe nicht der Verkauf solcher Gegenstände verbunden werden soll, welche nicht zur Masse gehören. Diese Vorschrift ist rein instruktionell, da weder eine zivilrechtliche noch strafrechtliche Folge an die Zuwiderhandlung geknüpft ist; sie trifft aber — wie ich glaube — das nicht, was beabsichtigt ist. Bei den Auktionen bedienen sich schon jetzt die Verwalter der Gerichtsvollzieher,

und es ist nicht recht erkennbar, was unter der Leitung der Versteigerung durch den Konkursverwalter verstanden wird, wenn sie durch Gerichtsvollzieher erfolgt. Auch ein allmählicher Ausverkauf kann nicht anders als bisher, nämlich durch Leute, welche vom Verwalter hiermit beauftragt und von ihm überwacht werden, erfolgen. Eine persönliche Thätigkeit des Verwalters ist jedenfalls von der Kommission nicht verlangt und wäre häufig auch recht unzweckmäßig. Daß ein Verwalter fremde Waaren gleichzeitig mit den zur Masse gehörigen verkauft, kommt wohl nicht vor; dagegen schaffen die Verwalter manchmal solche Waaren neu an, durch welche die bereits vorhandenen erst verkäuflich werden.

Was die Kommission treffen wollte, scheint etwas Anderes zu sein, und zwar die Ausverkäufe derjenigen Personen, welche den Bestand einer Konkursmasse in Bausch und Bogen gekauft haben und diese Bestände zusammen mit anderen Waaren unter marktschreierischer Ankündigung, daß sie aus einer Konkursmasse stammen, zum Verkaufe ausbieten. Will man dies verbieten, so muß man ein besonderes Polizeigesetz erlassen, das aber mit der Konkursordnung nichts zu thun hat.

6. Die Kommission schlägt zu § 166 die Aenderung vor, daß in der öffentlichen Bekanntmachung des Akkordtermins, sowie in den den Gläubigern besonders zuzustellenden Ladungen der Vergleichsvorschlag und das Ergebniß der Erklärung des Gläubigerausschusses mitzutheilen und zu bemerken ist, daß Inventar, Bilanz und Bericht des Konkursverwalters und die Erklärung des Gläubigerausschusses auf der Gerichtsschreiberei nnd die Geschäftsbücher des Gemeinschuldners bei dem Konkursverwalter zur Einsicht der Betheiligten offen liegen.

Wird dieser Vorschlag Gesetz, so werden die Zeitungen sich dafür zu bedanken haben, daß sie ein so tausendfältiges, unnützes Inserat erhalten. Die armen Kridare haben es zu bezahlen; plectuntur Achivi. Irgend ein Gläubiger hat kein Interesse daran, denn er erhält ja eine ohnehin theure besondere Zustellung, welche genau dasselbe enthält. Für wen ist denn nun schließlich dies Inserat? Vielleicht für Diejenigen, welche sich nicht gemeldet haben oder nicht melden wollen und bei dem Akkorde gar nicht mitzureden haben? Aber auch für diese wäre es genügend, wenn das Gesetz die Niederlegung auf der Gerichtsschreiberei anordnet. Dann weiß Jeder oder kann es wissen, wo er sie findet.

7. Ueber den Akkord ist in der vorstehenden Abhandlung an verschiedenen Stellen gesprochen und gegen die Tendenz der Kommissionsvorschläge Einspruch erhoben; ein besonderes Bedenken mag jedoch nachgetragen werden.

Die Konkursordnung hat jedes Vorrecht der Ehefrauen im Konkurse beseitigt und in den §§ 24, 25 sogar das Anfechtungsrecht gegenüber den von dem Gemeinschuldner mit dem Ehegatten geschlossenen Verträgen umfassender gewährt als die Anfechtung gegenüber anderen Kontrahenten. Die Ehegatten, namentlich die Ehefrauen, stehen jedenfalls nicht besser als alle anderen Gläubiger. Die Kommission will noch weiter gehen und sie schlechter stellen; ihre Stimmen sollen überhaupt bei dem Akkorde außer Betracht bleiben, aber doch soll der Akkord, wenn angenommen, für sie verbindlich sein. Dies ist willkürlich und ungerecht. Wer gar kein Recht zum Mitstimmen hat, kann nicht durch die Stimmabgabe Anderer zu einem Erlaß gezwungen werden; so ist die Sache für alle bevorrechtigten Gläubiger in der Konkursordnung regulirt (§§ 160, 178 Konkursordnung); sie stimmen nicht mit, werden aber durch den Akkord auch nicht berührt. Will man aber zu jenem außerordentlichen Satze sich entschließen, so müßte man doch weiter gehen und ihn auf alle nahe Verwandte ausdehnen. Ist es weniger peinlich, sich durch den Vater des Kridars als durch die Ehefrau überstimmen zu lassen, durch den Vater, welcher dem Sohne Geld zum Beginne des Geschäfts geliehen, als durch die Ehefrau, welche ohne Kenntniß der Geschäftslage ihm die Mitgift anvertraut hat? Wo man mit der Willkür aufhören soll, läßt sich nicht sagen, weil die Willkür ihrer Natur nach in sich keine Grenze hat.

Die vorstehenden kritischen Bemerkungen enthalten sich eines näheren Eingehens auf alle einzelnen neu vorgeschlagenen strafrechtlichen Bestimmungen, weil diese zum größten Theil nur die Beobachtung der zivilrechtlichen Vorschriften sichern sollen, und wenn diese abgelehnt werden, mit ihnen fallen. Der Ueberblick über die gesammten Kommissionsvorschläge führt aber meines Erachtens zu der Ansicht, daß sie keine genügende Grundlage zu einer Verbesserung der Konkursordnung darbieten.

Anhang.

Ueber das Pfandrecht des Vermiethers insbesondere bezüglich seiner Wirkungen im Konkurse des Miethers habe ich nach Band 4 Seite 189 der stenographischen Verhandlungen des XX. deutschen Juristentags de 1889 Folgendes geltend gemacht:

„Wenn der Entwurf des bürgerlichen Gesetzbuchs die Aufgabe hätte, bloß zu kodifiziren, so erkenne ich an, daß wir das Pfandrecht des Vermiethers beizubehalten hätten, und wir könnten nur noch um die Einzelheiten, die in Frage kommen, streiten; ich glaube aber, es handelt sich hier nicht um eine bloße Kodifikation des bestehenden Rechts, noch um eine Novellengesetzgebung, sondern um einen so großen gesetzgeberischen Akt, wie er in vielen Jahrhunderten einmal Aussicht hat, vorgenommen zu werden. Da müssen die Fragen allerdings einmal funditus geprüft werden, und man kann nicht sagen: weil das Prinzip so lange bestanden hat, lassen wir das Prinzip unangefochten und suchen nur passende Modalitäten zu finden. Nun glaube ich, daß in der vorliegenden Frage die thatsächlichen Verhältnisse sich so geändert haben, daß man jetzt das Pfandrecht des Vermiethers nicht mehr aufrecht erhalten kann. Als ich in der ständigen Deputation die Frage, ob jenes Pfandrecht beizubehalten sei, anregte, glaubte ich, daß ich mit meiner Meinung, das Pfandrecht sei aufzuheben, ziemlich allein stehen würde, erfuhr dann aber zunächst aus dem Gutachten des Herrn Thomsen, daß er, ein hervorragender Praktiker, beim Studium der Sache gleichfalls zu dieser Meinung gekommen ist, und zu meiner Freude höre ich, daß auch Herr Geheimrath Dernburg sich für Aufhebung des Pfandrechts ausgesprochen hat. Aus diesen Umständen, daß zufällig ein Advokat, ein Richter und ein Professor selbstständig die Frage geprüft haben und zu demselben Resultat gekommen sind, sehen Sie, daß das Dogma, welches bisher geherrscht hat, und das wir alle von der Universität mitbekommen haben, der Vermiether müsse ein Pfandrecht haben, nicht mehr allgemeinen Glauben findet.

Die thatsächlichen Verhältnisse haben sich geändert. Die Ausgaben für eine Wohnung und für Geschäftslokalitäten machen einen ganz anderen Prozentsatz des Bedarfs eines jeden Menschen aus, als früher der Fall war, namentlich als es zu der Zeit der Fall war, wo man in Rom zuerst anfing Miethe zu zahlen. Wie ist es in den großen Städten? Lassen Sie mich irgend einen konkreten Fall nehmen. Ich glaube, es sind genug Herren hier, die kontroliren können, ob ich übertreibe.

Jemand miethet ein Geschäftslokal für 10 000 Mark auf 10 Jahre. Warum auf 10 Jahre? Ja, wenn er nicht auf 10 Jahre miethet, nützt ihm das theuere Lokal nichts. Wenn er das nächste Jahr hinausgehen müßte, würde er das ganze Geld hinausgeworfen haben, denn an dem Lokale hängt ein erheblicher Theil der Kundschaft. Er miethet also und kontrahirt eine Miethschuld von in Summa 100 000 Mark. Das genügt nicht. Er muß das Geschäft einrichten. Er richtet es jetzt stattlich ein, aber nicht auf 1 Jahr, sondern auf 10 Jahre, denn er verrechnet sich die Ausgaben für die Einrichtung als Zuschläge zu der Miethe für die 10 Jahre. Sie sehen also, daß der Kaufmann, der sein Geschäft etwas nobel eröffnet, gleich beim Einzuge eine Schuld hat von über 100 000 Mark, für die alle seine Habe verpfändet ist. Mit anderen Worten, die jungen Leute, die sich mit mäßigen Mitteln assoziiren, ein Geschäft zu gründen, sind in dem Momente, wo sie einziehen, der Theorie nach bankrott; denn alles, was sie hineinbringen, ist nach Rechtssatz dem Vermiether verpfändet. Das ist ein Zustand, der nicht zu ertragen ist.

Wie ist es denn mit der Auffassung des Volkes? Glaubt wirklich irgend Jemand, wenn er in eine Wohnung hineinzieht, die er auf ein paar Jahre miethet, daß alle seine Sachen dem Wirth verpfändet sind? In der That nur wir Juristen sind so geschult, dies zu wissen.

Kein Privatmann glaubt, daß er alle seine Sachen verpfändet hat, daß er seine Sachen nicht aus dem Hause schaffen kann, wenn der Wirth Nein sagt. Allerdings, die Strafrechtspflege hat so viel gewirkt, daß die Leute in der Regel wissen, der Wirth könne für die verfallene Miethe die Sachen festhalten. Das entspricht etwa dem Naturrecht, dem natürlichen Gefühle. Daß der Wirth aber auf Jahre hinaus, für welche er noch gar nichts geleistet hat, schon ein Pfandrecht haben soll, versteht kein Mensch. Fragen Sie einmal in den Massen herum bei uns in Berlin, wo wir die größten Schwierigkeiten haben. Einer der Herren Redner meinte, das Pfandrecht solle, außer für die verfallenen Miethszinse, noch für $1/4$ Jahr, ein anderer, es solle für $3/4$ Jahr gewährt werden. Herr Bunsen hat die Frage umgekehrt; er hat die Beweislast verschoben. Er sagte: beweist mir, weshalb das Pfandrecht aufgehoben werden soll. Nein, sage ich, der Vermiether schließt einen Vertrag, wie jeder Andere. Bringt mir den Beweis, weshalb der Vermiether ein Vorrecht haben soll. Ich sehe keinen Grund dafür. Er kreditirt wie jeder Andere. Umgekehrt, jeder Andere kreditirt unter ungünstigeren Umständen. Wie liegen die Sachen? Jemand liefert für 5000 Mark Waaren in ein Geschäft. Der Käufer soll in 3 Monaten zahlen. Im Augenblicke, wo die Sachen in das Lokal hineinkommen, hat der Lieferant kein Recht mehr an den Sachen, aber der Vermiether ein Pfandrecht an denselben. Wie kommt er in eine solche Rechtsbeziehung zu meinen Sachen? Trotzdem ich wohl weiß, daß auch an unbezahlter Waare, wenn der Kaufpreis kreditirt ist, das Eigenthum durch Tradition übergeht, so meine ich doch, daß der Lieferant sie bis zur Bezahlung so betrachtet, als wenn sie noch nicht ganz aus der Beziehung zu ihm gelöst wäre.

Unbegreiflich aber bleibt, daß der Vermiether des Lokals ein größeres Recht an diesen Waaren haben soll, als der unbezahlte Lieferant.

Beachten Sie auch dies, ich bitte: wer Waare liefert und kreditirt, leistet seinerseits voll. Der Wirth kann, der Natur der Sache nach, nicht auf einmal voll leisten, vielmehr nur die Wohnung zur Verfügung stellen. Die Leistung erfolgt im Laufe der ganzen Miethszeit. Dennoch soll er ein Pfandrecht für den ganzen Miethszins von Anfang an haben. Das ist etwas Exorbitantes, wofür ich keinen Grund finden kann.

Nun ist weiter erwogen worden, wann das Pfandrecht praktisch werde, und es ist ganz richtig, daß es in der Regel nur bei Vermögensunzulänglichkeit des Miethers zur Wirksamkeit gelangt. Will man in der That den Werth des Pfandrechts würdigen und sich über seine Beibehaltung oder Abschaffung schlüssig machen, so muß man sich den Fall der Vermögensunzulänglichkeit des Miethers, seines eintretenden Konkurses, denken. Wie liegt nun die Sache in den Konkursen? Als die Konkursordnung gegeben wurde, ventilirte man, ob man noch irgend ein kleines Vorrecht auf ein halbes oder ein ganzes Jahr für Steuern bewilligen, oder ein solches Künstlern, Handwerkern gewähren solle. Alles, was in dieser Beziehung der Gesetzgeber gemacht hat, ist der Hauptsache nach gleichgiltig und wirkungslos. Wissen Sie, wer das Vorrecht bestimmt? Der Vermiether. Und wissen Sie, nach welchem Grundsatze? Nach seiner Willkür. Es sind Pfändungsanträge von zwei Gläubigern gestellt; dem einen gestattet der Wirth, die Sachen abzuholen, dem anderen nicht, indem er sein Pfandrecht geltend macht. Dies ist nicht in der Gelehrtenstube als möglicher Fall ersonnen, sondern bei uns in täglicher Uebung. Unser ganzes Prioritätsrecht scheitert daran. Hierzu kommt noch, daß im Falle des Konkurses der Vermiether in der Regel die ganze Masse oder den größten Theil derselben in Anspruch nimmt.

Viele beantragte Konkurse werden nur deshalb nicht eröffnet, weil die ganze Masse dem Pfandrechte des Vermiethers unterliegt. Wird aber der Konkurs eröffnet, so sollten Sie einmal die Klagen aller Konkursverwalter in Berlin hören; sie sagen: wir können nichts machen, der Wirth nimmt fast Alles; bevor wir uns nicht gütlich mit dem Vermiether einigen, können wir mit der Masse nichts machen, er hat sein Pfandrecht so ziemlich an Allem, was überhaupt zur Masse gehört, mit Ausnahme der ausstehenden Forderungen. Ich bin der Meinung, daß es so nicht länger fortgeht, sondern daß es durchaus nothwendig ist, hier einzugreifen und das Pfandrecht des Vermiethers aufzuheben. Freilich werden Uebelstände dadurch entstehen, daß die Vermiether in Folge des Fortfalls des gesetzlichen Pfandrechts sich neue Wege zu ihrer Sicherung werden suchen müssen, indeß solche werden sich finden.

Kein Grund ist vorhanden, die Miether zu zwingen, praenumerando zu zahlen, ebensowenig wie man den Kaufmann durch Gesetz verpflichten kann, die Waaren praenumerando zu bezahlen. In geeigneten Fällen werden die Vermiether, wenn sie einen Mann zweifelhafter Solvenz vor sich haben, verlangen, er möge vorausbezahlen, oder ihm nicht vermiethen. Und wenn es bei der üblichen Zahlung postnumerando bleibt, was wird dann das Schlimmste sein? Ein solcher Vermiether wird $1/4$ oder $1/2$ Jahr Miethe verlieren; dann steht er immer noch besser als jeder andere Gläubiger. Er kann bei jedem Verzuge in der Miethszahlung eingreifen, und da er den Miether in seinem eigenen Hause hat, übersieht er dessen

Vermögensverhältnisse und die möglichen Deckungsobjekte immer besser und leichter als jeder andere entfernt wohnende Gläubiger des Miethers. Er steht auch in dieser Hinsicht besser als Andere, welche kreditiren. Ich schlage Ihnen also vor, einfach zu erklären, das Pfandrecht des Vermiethers sei gänzlich abzuschaffen." —

Diesem radikalen Vorschlage hat die Kommission für das bürgerliche Gesetzbuch in zweiter Lesung nicht stattgegeben, vielmehr das Pfandrecht nur etwas eingeschränkt.

Der § 501 (zweiter Lesung) besagt:

> Der Vermiether eines Grundstücks hat für seine Forderungen aus dem Miethsverhältniß ein Pfandrecht an den eingebrachten Sachen des Miethers. Für künftige Entschädigungsforderungen und für den Miethszins für eine spätere Zeit als das laufende und das folgende Miethsjahr kann das Pfandrecht nicht geltend gemacht werden.

Diese Bestimmung giebt zu Zweifeln über ihre Tragweite Anlaß, weil nicht erhellt, was unter Entschädigungsforderungen zu verstehen ist, ob damit auch die im § 499 erwähnte Entschädigung und die im § 500 erwähnten Ersatzansprüche umfaßt sein sollen, ferner was unter künftigen Entschädigungsforderungen verstanden sein soll, endlich ob das Pfandrecht für diese überhaupt versagt sein soll, oder nur soweit sie über das laufende und das folgende Miethsjahr hinausgehen. Ich nehme an, daß das Letztere gemeint ist, weil sonst nach den Worten: für künftige Entschädigungsforderungen ein Komma stehen müßte. (Auch die Fassung scheint nicht gelungen zu sein, denn es müßte heißen: „Das Pfandrecht besteht nicht für 2c.", während gesagt ist: „es kann nicht geltend gemacht werden", woraus man folgern müßte, es besteht aber doch.) Inzwischen hat die Reichsregierung bekanntlich am 15. November 1893 (Nr. 27 der Drucksachen des Reichstags) den Entwurf eines Gesetzes vorgelegt, welcher den Uebelständen abhelfen soll, die jenes Pfandrecht in Konkursen herbeiführt, und welcher wie folgt lautet:

> Die Nr. 4 des § 41 der Konkursordnung erhält folgende veränderte Fassung:

(Den Faustpfandgläubigern stehen gleich)

> 4) Vermiether in Ansehung der eingebrachten Sachen, sofern die Sachen sich noch auf dem Grundstücke befinden, wegen

des laufenden und des für das letzte Jahr vor der Eröffnung des Verfahrens rückständigen Zinses, sowie wegen anderer Forderungen aus dem Miethsverhältnisse, jedoch mit der Einschränkung, daß dem Vermiether, soweit er eine solche Forderung in Folge der Kündigung des Verwalters (§ 17 Nr. 1) geltend machen kann, wegen dieser Forderung der Anspruch auf abgesonderte Befriedigung nicht zusteht.

Die Kommission des Reichstags und dieser selbst haben diesen Entwurf unverändert angenommen. Würde dieser Entwurf und würde auch die gedachte Bestimmung der zweiten Lesung des bürgerlichen Gesetzbuchs Gesetz werden, dann läge die Sache wie folgt: der Vermiether hätte ein Pfandrecht, und im Konkurse des Miethers ein Absonderungsrecht an den Illaten wegen des laufenden Zinses, außerhalb des Konkurses auch ein Pfandrecht wegen des weiteren Zinses im laufenden und folgenden Jahre, im Konkurse aber wegen dieses weiteren Zinses, wenn nicht vom Verwalter gekündigt wird, kein Pfandrecht, wohl aber so lange der Miethsvertrag besteht, also unter Umständen über das folgende Jahr hinaus einen Masseanspruch, und, wenn rechtzeitig gekündigt ist (nach der Judikatur des Reichsgerichts für das Gebiet des preußischen Landrechts), eine Entschädigungsforderung als einfache Konkursforderung.

Die Sache ist freilich etwas bunt, denn in den regelmäßigen Fällen des Konkurses wird, wenn eine Kündigung seitens des Verwalters erfolgt, der Vermiether geltend zu machen haben: Rückstände aus dem letzten Jahre und den laufenden Zins mit Absonderungsrecht, den Zins vom Ende des laufenden Quartals bis zum Ablauf der Kündigungsfrist als Masseforderung, und die Entschädigung für vorzeitige Aufhebung des Miethsvertrages als Konkursforderung. Da die Absonderungsrechte in den Konkursen (vorzugsweise volle Befriedigung aus einer einzelnen Sache) und die Masseansprüche (vorzugsweise volle Befriedigung aus allen Sachen) praktisch dasselbe zu bewirken pflegen, daß nämlich der Gläubiger voll befriedigt werden muß, so werden jene mehreren Qualifikationen der Forderung des Vermiethers von keinem Schaden sein.

Unerledigt läßt freilich die vorgeschlagene Novelle den Uebelstand der großen von dem Vermiether zu liquidirenden Entschädigungen, um derentwillen die Beendigung der Konkurse Jahre hinausgezogen und die Vertheilung der Masse hingehalten wird, weil nicht zu übersehen ist, ob und inwieweit durch nicht erfolgende oder unter dem früheren Preise erfolgende Weitervermiethung ein Schaden entstehen wird. Mir würde es billig erscheinen, wenn der Entschädigungsanspruch nur für mäßige Zeit anerkannt würde, denn es ist nicht einzusehen, weshalb der Vermiether, welcher seine Räume zu freier Verfügung zurückerhält, nicht den vielleicht ihm für eine spätere Zeit entstehenden Schaden sollte tragen müssen, während die anderen Gläubiger sicherlich Schaden erleiden müssen. Indessen wird diese Frage doch nur bei einer vollen Revision der Konkursordnung zu erledigen sein, weil sie viel umfassender ist und alle rechtlichen Verhältnisse betrifft, welche der Kridar auf viele Jahre eingegangen ist; sie umfaßt namentlich auch die auf lange Jahre geschlossenen Dienstverträge mit Direktoren von Aktiengesellschaften, Abtheilungschefs, Prokuristen, Buchhaltern und höheren Beamten. Wollte man den Ablauf der vertraglichen Dienstzeit abwarten, um den Schaden festzustellen, so würden bedeutendere Konkurse viele Jahre hindurch sich hinschleppen zum Nachtheile aller Gläubiger. Zur Zeit scheint es mir gut, daß die Abschlagszahlung angenommen ist, welche von der Reichsregierung durch den bezeichneten Entwurf geboten wurde.

Druck der Norddeutschen Buchdruckerei, Berlin SW., Wilhelmstr. 32.

FSC
www.fsc.org
MIX
Papier | Fördert
gute Waldnutzung
FSC® C083411

Kolibri 360 GmbH
Ferdinand-Jühlke-Straße 7
99095 Erfurt, Deutschland
produktsicherheit@kolibri360.de